Yvon Deverre
I.E.N.
Henri Fournols
directeur d'école
Allain Verrier
professeur des écoles

Éducation civique CM1

cycle des approfondissements

HATIER

Préface

L'éducation civique apprend à l'enfant qu'il ne vit pas seul, qu'il procède d'une histoire, qu'il a des droits reconnus mais aussi des devoirs et des responsabilités.
Éduquer le citoyen, c'est justement l'inviter à la responsabilité, c'est aussi éclairer sa liberté.
Tel a été notre souci en rédigeant cet ouvrage.
Au cours moyen, conformément aux nouveaux programmes, les élèves approfondissent leur connaissance des institutions françaises et de la vie sociale, mais sont aussi initiés aux relations que la France entretient avec d'autres pays. Ils découvrent également les institutions internationales et leur rôle, apprenant ainsi à devenir des citoyens ouverts au monde.
Nous avons fait le choix d'une présentation illustrée, vivante, avec des exercices d'application qui permettent à l'enfant d'être actif. Le vocabulaire utilisé est à sa portée.
Un lexique, en fin d'ouvrage, définit les quelques mots nouveaux que la discipline étudiée rend incontournables.
Ce livret est un manuel scolaire mais sa conception permet également à l'enfant de travailler seul.

ISBN 2.218.**02460**-8

Sommaire

1 La France, notre pays

En latin, *gallus* veut dire «coq» et *galus* veut dire «gaulois». Le coq est l'emblème* de la France. Il symbolise la vigilance.

La Marseillaise est l'hymne national*, on le chante dans les grandes occasions.

Paris est la capitale de la France, c'est là que se trouvent le Président de la République et le gouvernement.

Le drapeau de la France : colorie-le.

Le franc est la monnaie française.

Depuis la Révolution française, la devise* de la France est : LIBERTÉ – ÉGALITÉ – FRATERNITÉ.

On représente la République française sous la forme d'une femme surnommée Marianne et portant une coiffe appelée «bonnet phrygien».

La France a une superficie de 555 000 km^2. Elle compte 58 millions d'habitants.

xercices

Réponds aux questions.

1. Comment s'appelle l'hymne national français ? ....

2. Quelle est la devise de la France ? ....

3. Qui est Marianne ? ....

4. Comment s'appelle le bonnet que porte Marianne ? ....

5. Quelle est la superficie de la France ? ....

6. Combien y-a-t-il d'habitants en France ? ....

7. Comment s'appelle la monnaie française ? ....

8. Quel est l'emblème de la France ? ....

9. Quelle ville est la capitale de la France ? ....

10. Quand chante-t-on *la Marseillaise* ? ....

Écris après chaque légende le numéro du document correspondant.

1. Vers 52 avant J.-C., les armées de Jules César envahissent la Gaule .... ☐

2. En 481, Clovis devient roi des Francs .... ☐

3. La 1ère République est proclamée en 1792 pendant la Révolution française .... ☐

4. De nos jours, la France est gouvernée par un Président de la République et des ministres .... ☐

1

2

3

4

2 La Déclaration des Droits de l'Homme et du Citoyen

• Avant la Révolution française

Avant 1789, la France était un royaume : elle était dirigée par un roi qui prenait seul toutes les décisions. Certaines catégories de Français (les nobles et le clergé*) étaient des privilégiés* ; ils payaient peu d'impôts. Le Tiers État, c'est-à-dire les paysans, les ouvriers, les bourgeois, devaient en revanche payer de lourds impôts.
Des écrivains que l'on appelle les philosophes (Montesquieu, Voltaire, Rousseau, Diderot) dénonçaient ces injustices. Ils proposaient une nouvelle forme de gouvernement avec des députés représentant le peuple et chargés de voter les lois.

• La Révolution française

Le **14 juillet 1789**, le peuple de Paris se révolte contre les injustices. Il envahit la Bastille, une prison qui était le symbole du pouvoir du roi. Quelques jours plus tard, le **26 août 1789**, les représentants du peuple votent la Déclaration des Droits de l'Homme et du Citoyen. Cette déclaration abolit* les privilèges*. Tous les citoyens deviennent libres et égaux : ils ont désormais les mêmes droits et les mêmes devoirs.

1 La prise de la Bastille

xercices

Écris V pour vrai ou **F** pour faux après chaque phrase.

Avant 1789 :

1. Les paysans ne payaient pas d'impôts...... ☐
2. Les ouvriers étaient des privilégiés* .... ☐
3. Le Tiers État était accablé par les impôts.. ☐
4. La France était dirigée par un roi .... ☐
5. La Déclaration des Droits de l'Homme et du Citoyen a été votée le 26 août 1789 .. ☐

Après 1789 :

6. Les privilèges sont abolis .... ☐
7. Tous les citoyens ont les mêmes droits..... ☐
8. Les paysans paient davantage d'impôts... ☐
9. Les nobles ne paient pas d'impôts........... ☐

2 Cette gravure représente la difficile situation des paysans qui sont écrasés par les impôts alors que la noblesse et le clergé sont des privilégiés.

Écris après chaque phrase le numéro de l'article correspondant.

1. Tous les hommes ont les mêmes droits : ....article n° ☐
2. La loi doit être la même pour tous: ....article n° ☐
3. Les hommes peuvent penser, parler et écrire librement :............................article n° ☐

3 Extrait de la déclaration des Droits de l'Homme et du Citoyen.

Art. 1 - Les hommes naissent et demeurent libres et égaux en droits. Les distinctions sociales ne peuvent être fondées que sur l'utilité commune.

Art. 3 - Le principe de toute souveraineté réside essentiellement dans la nation. Nul corps, nul individu ne peut exercer d'autorité qui n'en émane expressément.

Art. 4 - La liberté consiste à pouvoir faire tout ce qui ne nuit pas à autrui. Ainsi, l'exercice des droits naturels de chaque homme n'a de bornes que celles qui assurent aux autres membres de la société la jouissance de ces mêmes droits. Ces bornes ne peuvent être déterminées que par la loi.

Art. 6 - La loi est l'expression de la volonté générale. Elle doit être la même pour tous, soit qu'elle protège, soit qu'elle punisse. Tous les citoyens étant égaux à ses yeux.

Art. 11 - La libre communication des pensées et des opinions est un des droits les plus précieux de l'homme : tout citoyen peut donc parler, écrire, imprimer librement, sauf à répondre de l'abus de cette liberté dans les cas déterminés par la loi.

3 La France, pays de liberté

• Les droits

Le citoyen français est libre :

- libre d'agir, de se déplacer et il doit se sentir en sécurité en tous lieux. Par exemple, il peut, sans demander d'autorisation, déménager.

- libre d'avoir ses idées : politiques, syndicales, religieuses. Ce n'est pas le cas dans tous les pays.

- libre de se réunir avec d'autres personnes pour échanger des idées.

Dans certains pays, les citoyens doivent forcément être d'accord avec le gouvernement. Le citoyen français vote pour donner son avis. Dans certains pays, le gouvernement prend seul les décisions et les citoyens ne votent pas.

• Les devoirs et les responsabilités

Mais attention : la liberté des uns ne doit pas gêner les autres. Les citoyens ont donc des devoirs et des responsabilités* :

- des devoirs : par exemple, les parents doivent s'occuper de leurs enfants.

- des responsabilités : par exemple, si quelqu'un casse une vitre en jouant au ballon ou provoque un accident, il doit payer les dégâts.

1 La liberté d'opinion.

2 La liberté de réunion.

3 La liberté de culte.

xercices

Écris ce que veut dire chaque expression.

1. La liberté de culte : ....

....

2. La liberté d'opinion : ....

....

3. La liberté de réunion : ....

....

Écris après chaque légende le numéro du dessin correspondant.

1. Le bruit gène les autres. Pour les respecter, il ne faut pas mettre la musique trop fort ni crier .... ☐

2. Quand on ne respecte pas le code de la route, on peut provoquer un accident et mettre en danger la vie des autres .... ☐

3. La nature est fragile et nous devons penser aux animaux qui y vivent .... ☐

4. Les trottoirs ne sont pas des poubelles. Nous devons respecter les piétons .... ☐

4

5

6

7

4 Le travail

• Actifs et non-actifs

On répartit les personnes qui travaillent (les actifs) en trois grandes catégories :

1 • **Le secteur primaire** regroupe principalement les agriculteurs et les pêcheurs.

2 • **Le secteur secondaire** rassemble tous les gens qui travaillent dans l'industrie. Les industries fabriquent des produits comme des automobiles, des vêtements, des conserves...

3 • **Le secteur tertiaire** englobe les services* comme le commerce, les transports, les banques, les assurances, les médecins, les avocats, les services publics...

Les personnes qui ne travaillent pas (les non-actifs) sont les enfants, les personnes âgées, certaines personnes invalides ou handicapées ainsi que ceux et celles qui ne souhaitent pas avoir un emploi.

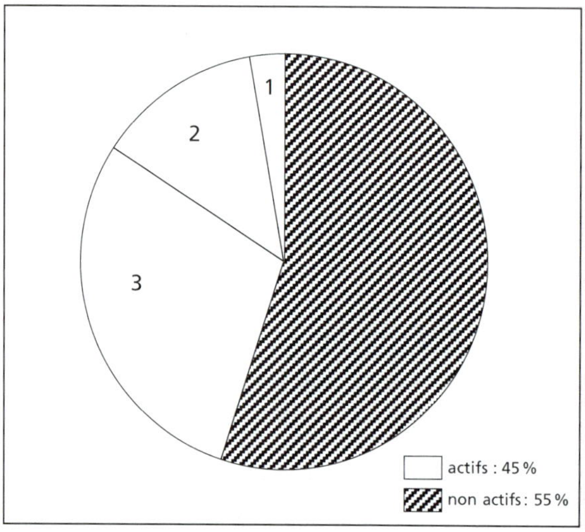

1 Sur un échantillon de la population française de 100 personnes, 45 travaillent. Les actifs se répartissent en trois secteurs : le secteur primaire (6%), le secteur secondaire (29%) et le secteur tertiaire (65 %).

• Les enfants

Il y a 150 ans, certains enfants de ton âge travaillaient dans les mines ou dans les usines. En France, les enfants vont à l'école : c'est obligatoire jusqu'à l'âge de 16 ans. Tous les enfants apprennent donc à lire, à écrire, à compter et peuvent se préparer au métier qu'ils veulent exercer. Encore aujourd'hui, dans certains pays, des enfants travaillent dès l'âge de 3 ou 4 ans.

Exercices

A **Observe** les photos.

1. Quel secteur d'activité la photo 2 représente-t-elle ? ....

....

2. La photo 3 ? ....

....

3. La photo 4 ? ....

....

B **Réponds** aux questions.

1. En France, à partir de quel âge un enfant peut-il travailler ? ....

2. Lequel des 3 secteurs compte le plus d'actifs ? ....

Quel est le secteur qui compte le moins d'actifs ? ....

3. À quel secteur les médecins appartiennent-ils ? ....

4. Qui sont les non-actifs en France (celles et ceux qui ne travaillent pas) ? ....

....

....

Recherches 1

A Colorie les drapeaux des pays qui ont une frontière commune avec la France et inscris le nom du pays sous chaque drapeau.

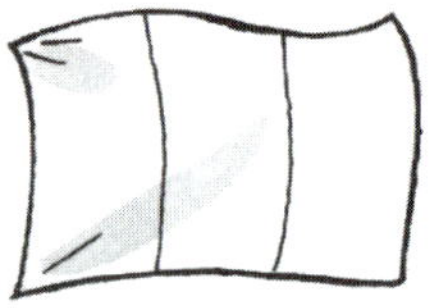

1 ....

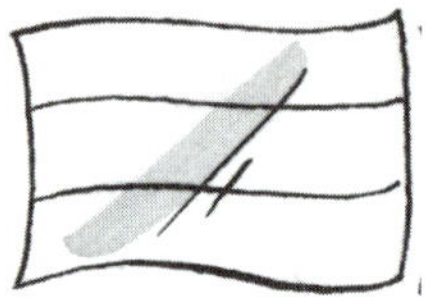

2 ....

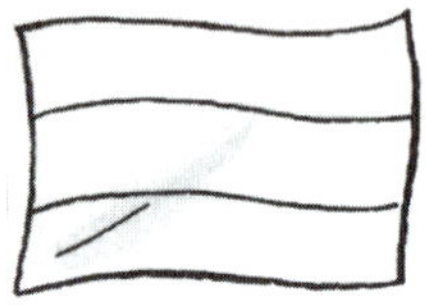

3 ....

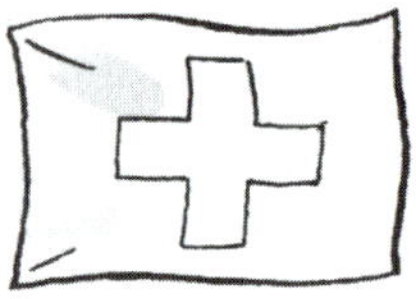

4 ....

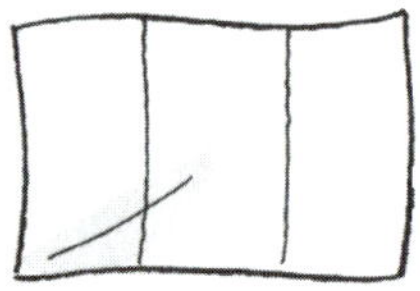

5 ....

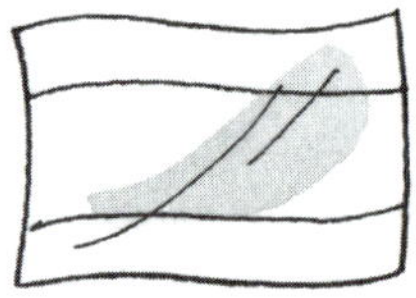

6 ....

B Réponds aux questions.

1. Quel était l'emblème des rois de France avant la Révolution de 1789 ? ....

2. En quelle année a eu lieu le premier défilé du 14 juillet sur les Champs-Élysées ? ....

3. Qui a écrit les paroles et la musique de *la Marseillaise* ? ....

4. En quelle année ? ....

5. Que signifie la devise : « Fluctuat nec mergitur » ? ....

6. De quelle ville de France est-ce la devise ? ....

C Écris dans quel secteur tu travailleras si tu deviens :

1. maçon : ....

2. infirmier : ....

3. agriculteur : ....

4. instituteur : ....

5. métallurgiste : ....

6. banquier : ....

7. marin-pêcheur : ....

8. berger : ....

Écris sous chaque photo si elle représente la France avant, pendant ou après la Révolution :

1

....

2

....

3

....

Souligne chaque fois la bonne proposition.

1. L'emblème de la liberté en France est : le coq ◆ le bonnet phrygien ◆ la Marseillaise.

2. Elle a été votée le 26 août 1789 : la décision de démolir la Bastille ◆ la Déclaration Universelle des Droits de l'Homme ◆ la Déclaration des Droits de l'Homme et du Citoyen.

3. C'est un philosophe du 18e siècle : Voltaire ◆ Molière ◆ La Fontaine.

4. C'est un devoir en France : partir en vacances ◆ éduquer ses enfants ◆ adhérer à un parti politique.

5 Les acquis sociaux

• Le progrès social

Depuis longtemps, les hommes et les femmes ont cherché à être mieux protégés et à avoir plus de droits dans leur travail et dans leur vie de tous les jours.
Ils ont obtenu de leurs employeurs* et de l'État des avantages et des garanties : ce sont les acquis sociaux.
En 1864, les travailleurs obtiennent le droit de faire grève.
Depuis plus de 100 ans, ils ont obtenu bien d'autres avantages en ce qui concerne le temps de travail, les congés, la protection sociale*.

• Les acquis sociaux aujourd'hui

Actuellement, on travaille 39 heures par semaine et on a droit à 5 semaines de congés payés par an. On peut prendre sa retraite à 60 ans. On peut également adhérer librement à un syndicat*. Les personnes qui sont au chômage, c'est-à-dire qui n'ont plus d'emploi, reçoivent des indemnités* des ASSEDIC. L'État verse également le RMI (Revenu Minimum d'Insertion) aux personnes qui n'ont aucune ressource*.

• La Sécurité sociale

En 1945, la création de la Sécurité sociale a apporté plus de sécurité aux familles :
– Elle rembourse les soins en cas de maladie ou d'accident.
– Elle paie des prestations* comme les allocations familiales*.
– Elle verse des pensions* aux retraités.

1 Une grève des instituteurs

xercices

Souligne les acquis sociaux.

L'invention du téléphone ◆ Le droit de créer des syndicats ◆ La Sécurité sociale ◆ Les pensions pour les retraités ◆ Le compte en banque ◆ l'informatique dans les bureaux ◆ Le droit de grève ◆ Les congés payés.

Écris **V** pour vrai ou **F** pour faux après chaque phrase.

1. Le droit de grève existe depuis 1964 .... ☐

2. Les personnes sans ressources peuvent percevoir le RMI .... ☐

3. La Sécurité sociale a été créée en 1945 .... ☐

4. On peut prendre sa retraite à l'âge de 50 ans .... ☐

5. Les allocations familiales font partie des acquis sociaux .... ☐

6. Les travailleurs français ont droit à 5 semaines de congés payés .... ☐

Réponds aux questions.

1. Comment appelle-t-on les personnes privées d'emploi ? ....

2. Quel est l'organisme chargé d'aider ces personnes à retrouver un emploi ? ....

3. Quel est le rôle des ASSEDIC ? ....

2 L'ANPE (Agence Nationale Pour l'Emploi) est un service public qui a pour mission d'aider les personnes à la recherche d'un emploi.

6 La Sécurité sociale

• Le rôle de la Sécurité sociale

Monsieur Malenpoint est en bonne santé. Pourtant, à tout moment, il peut tomber malade ou avoir un accident. Quand il va chez le médecin ou chez le dentiste, il paie. Il paie aussi les médicaments chez le pharmacien.
La Sécurité sociale lui rembourse une partie de ces frais. C'est un service public qui permet à toute personne de se faire soigner.

• Les cotisations

La Sécurité sociale c'est comme une grosse tirelire dans laquelle chacun met un peu d'argent chaque mois, de l'argent prélevé sur le salaire et qui sert à payer les dépenses de santé (médecin, dentiste, pharmacien, hôpital...). Monsieur Malenpoint gagne 8 500 F par mois mais il paie des cotisations pour la maladie et pour la vieillesse. Après avoir payé ses cotisations, il ne lui reste plus que 6 560,25 F, mais il est sûr de pouvoir se faire soigner s'il tombe malade, et il percevra une pension chaque mois quand il sera à la retraite. Si Monsieur Malenpoint était agriculteur, il paierait ses cotisations à la Mutualité sociale agricole : c'est la Sécurité sociale des agriculteurs. Et si Monsieur Malenpoint avait la chance d'être en bonne santé, il paierait alors pour ceux qui sont malades : c'est la solidarité.

SALAIRE BRUT		8 500 00
Taux ***RETENUES***		
6,90 %S.S. Mal. sur Sal. Total	586 50	
6,55 % S.S.Viel. sur Sal plaf.	556 75	
2,40 % CSG	204 00	
3,75 % Retraite complément	318 75	
3,22 % Assur. Chômage T2 A	273 70	
TOTAL DES RETENUES	1 939 75	
NET IMPOSABLE		6 560 25

1 Bulletin de salaire

• Les mutuelles

La Sécurité sociale ne rembourse pas complètement les soins. La plupart des gens, pour être mieux remboursés, prennent en plus une mutuelle* ou une assurance*. Pour cela, ils doivent payer des cotisations supplémentaires.
Pour que la Sécurité sociale puisse mieux rembourser celles et ceux qui sont réellement malades, chacun doit faire des économies en évitant d'aller chez le médecin quand ce n'est pas utile, en ne gaspillant pas les médicaments.

xercices

Réponds aux questions.

1. La Sécurité sociale encaisse de l'argent. D'où vient cet argent ? ....

....

2. Pourquoi paie-t-on des cotisations de Sécurité sociale quand on est en bonne santé ? ....

3. Que perçoivent chaque mois les retraités ? ....

Remplis la feuille de maladie : elle doit permettre à Monsieur Malenpoint de se faire rembourser les frais médicaux de son fils Jérôme.

- Monsieur Jean Malenpoint habite 6, rue du Bonsoin 61000 Alençon.

Il est né le 1er avril 1960. Son numéro de Sécurité sociale est le 1.60.04.61.423.005.
Il est salarié : il paie les cotisations sociales, il est donc assuré social.
Son fils s'appelle Jérôme Malenpoint.
Il est né le 19 février 1987.

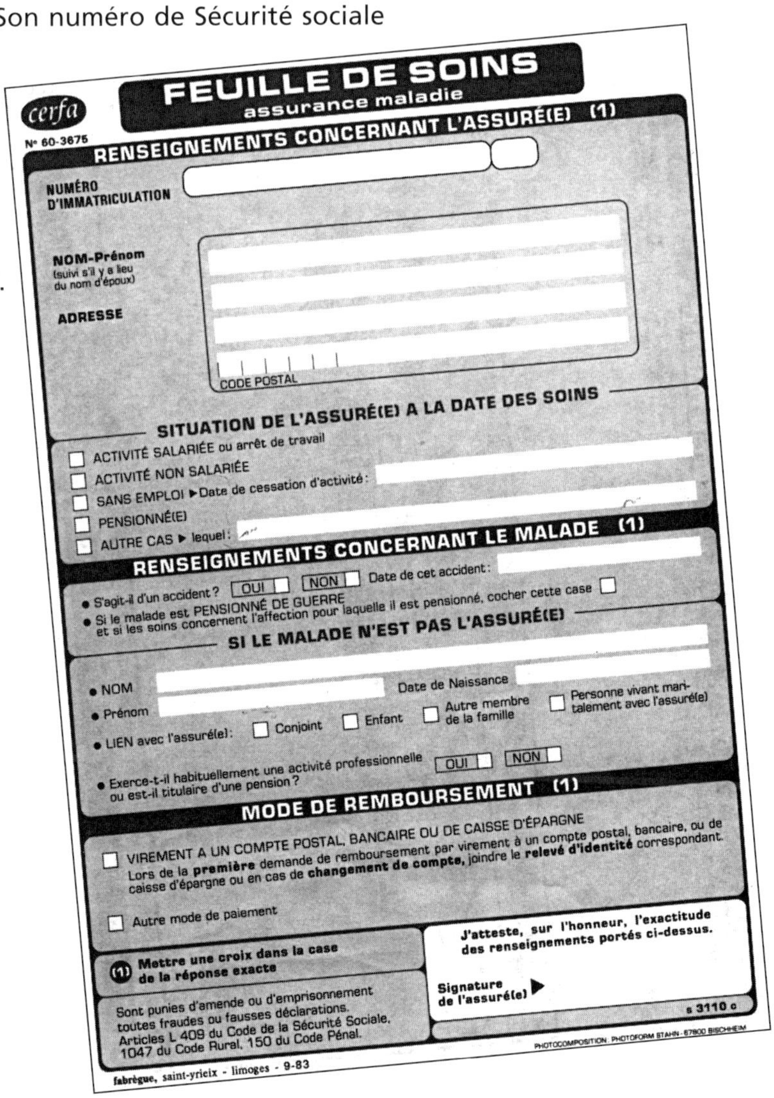

cerfa
N° 60-3675

FEUILLE DE SOINS
assurance maladie

RENSEIGNEMENTS CONCERNANT L'ASSURÉ(E) (1)

NUMÉRO D'IMMATRICULATION

NOM-Prénom (suivi s'il y a lieu du nom d'époux)

ADRESSE

CODE POSTAL

SITUATION DE L'ASSURÉ(E) A LA DATE DES SOINS

☐ ACTIVITÉ SALARIÉE ou arrêt de travail
☐ ACTIVITÉ NON SALARIÉE
☐ SANS EMPLOI ▶ Date de cessation d'activité :
☐ PENSIONNÉ(E)
☐ AUTRE CAS ▶ lequel :

RENSEIGNEMENTS CONCERNANT LE MALADE (1)

- S'agit-il d'un accident ? OUI ☐ NON ☐ Date de cet accident :
- Si le malade est PENSIONNÉ DE GUERRE et si les soins concernent l'affection pour laquelle il est pensionné, cocher cette case ☐

SI LE MALADE N'EST PAS L'ASSURÉ(E)

- NOM Date de Naissance
- Prénom
- LIEN avec l'assuré(e) : ☐ Conjoint ☐ Enfant ☐ Autre membre de la famille ☐ Personne vivant maritalement avec l'assuré(e)
- Exerce-t-il habituellement une activité professionnelle ou est-il titulaire d'une pension ? OUI ☐ NON ☐

MODE DE REMBOURSEMENT (1)

☐ VIREMENT A UN COMPTE POSTAL, BANCAIRE OU DE CAISSE D'ÉPARGNE
Lors de la **première** demande de remboursement par virement à un compte postal, bancaire, ou de caisse d'épargne ou en cas de **changement de compte**, joindre le **relevé d'identité** correspondant.

☐ Autre mode de paiement

(1) **Mettre une croix dans la case de la réponse exacte**

Sont punies d'amende ou d'emprisonnement toutes fraudes ou fausses déclarations. Articles L 409 du Code de la Sécurité Sociale, 1047 du Code Rural, 150 du Code Pénal.

J'atteste, sur l'honneur, l'exactitude des renseignements portés ci-dessus.

Signature de l'assuré(e) ▶

s 3110 c

PHOTOCOMPOSITION : PHOTOFORM STAHN - 67800 BISCHHEIM

fabrègue, saint-yrieix - limoges - 9-83

7 La justice

• Le rôle de la justice

La justice est chargée de faire respecter la loi et de régler les désaccords entre les citoyens. Les citoyens ne doivent pas faire la justice eux-mêmes. Ainsi, si quelqu'un te vole quelque chose, tu ne dois pas le frapper ; tes parents doivent faire appel à la justice.

• Le fonctionnement de la justice

Il existe plusieurs sortes de tribunaux : certains s'occupent des désaccords entre citoyens (par exemple si quelqu'un se plaint du bruit que fait son voisin), d'autres des infractions* (par exemple si quelqu'un ne respecte pas le code de la route) et des délits* (vol, coups et blessures)...

Toute personne accusée a le droit de se défendre. Pour cela elle peut engager* un avocat. Les magistrats (les juges sont des magistrats) rendent la justice. Ils connaissent les lois ainsi que les droits et les devoirs des citoyens. Ils adaptent la peine à la gravité de la faute. Quand une personne n'est pas satisfaite du jugement rendu, elle a le droit de demander à être jugée une nouvelle fois.

Le crime est très sévèrement puni, il est d'ailleurs jugé par un tribunal spécial : la cour d'assises. Les juges y sont assistés par des jurés, c'est-à-dire des hommes et des femmes choisis parmi la population. Ce sont eux qui disent si l'accusé est coupable et qui fixent la peine (le nombre d'années de prison).

En France, les personnes jugées ne peuvent plus être condamnées à mort. Si la faute est très grave, elles vont en prison à perpétuité.

Actuellement, dans certains pays, des hommes sont encore arrêtés, condamnés, torturés ou même exécutés sans jugement.

À la cour d'assises

Exercices

Écris **V** pour vrai ou **F** pour faux après chaque phrase.

1. La cour d'assises peut condamner à mort un citoyen qui a commis un crime .... ☐

2. Chaque homme a le droit de punir lui-même un autre homme .... ☐

3. Les accusés ont tous le droit d'avoir un avocat .... ☐

4. Ne pas respecter le code de la route est un délit .... ☐

5. Monsieur Jean n'a pas payé son loyer depuis 4 mois. Son propriétaire peut faire juger l'affaire par la cour d'assises .... ☐

6. Les jurés siègent à la cour d'assises .... ☐

Observe le document 2 et complète le texte sur la cour d'assises.

1. L' .... s'appelle Jean Dupont. Il est jugé car il a tué Catherine Martin. Il est assis entre deux gardes. Il est aidé par trois ....

2. En face de lui est assis le frère de la victime. Il est la .... c'est-à-dire qu'il demande justice contre l'accusé.

3. A gauche du tribunal, l'.................................. représente l'État. Il demande aux juges que l'accusé aille en prison.

4. Les............... sont aidés par les .... : ils décident de mettre l'accusé en prison.

5. Le .... est assis en face de l'avocat général. Il est chargé de noter tout ce qui se dit pendant le procès.

6. Marc Touvu a vu Jean Dupont tuer Catherine Martin. Il est donc .... On l'appelle à la .... pour raconter ce qui s'est passé.

7. L' .... est assis près du public. C'est lui qui fait venir les témoins.

8. Le .... et les .... ont le droit d'assister au procès. Car si le procès était secret, on ne serait pas sûr que la justice fasse bien son travail et que la loi soit respectée.

8 La gendarmerie et la police

En France, plus de 200 000 fonctionnaires sont chargés de veiller à la sécurité des personnes et la protection des biens, au maintien de l'ordre et de la tranquillité publique.

• La gendarmerie

Il y a 92 000 gendarmes en France. Ils font partie de l'armée : ce sont des militaires. Ils sont chargés de constater les contraventions*, les délits ou les crimes, de rechercher leurs auteurs et de recueillir des preuves pour que le tribunal puisse juger les coupables. Ils font respecter le code de la route. Ils surveillent également les installations militaires.

• La police

Il y a 110 000 fonctionnaires dans la police. Certaines de leurs missions sont semblables à celles des gendarmes. D'autres sont spéciales : les CRS, par exemple, surveillent les plages et recherchent les personnes perdues en montagne. Ils s'occupent aussi de protéger les personnages importants, comme le Président de la République, les ministres, lors de leurs déplacements officiels*.

1

2

Exercices

A Réponds aux questions.

3

1. Quelles sont les deux grandes catégories de fonctionnaires chargés de la protection des biens et des personnes ? ....
....
2. Lesquels sont des militaires ? ....
....
3. Quelles sont les missions des CRS ? ....
....

B Écris après chaque légende le numéro de la photo correspondante.

1. Les CRS sont chargés de surveiller les plages pour éviter les noyades et sauver les personnes en danger .... ☐
2. En apprenant aux enfants le code de la route, on évite des accidents. C'est aussi l'une des missions de la gendarmerie et de la police .... ☐
3. Parfois, les personnes qui ont commis un crime ou un délit grave se cachent. La police est chargée de les retrouver et de les amener aux juges .... ☐

C Observe le document 4 et réponds aux questions.

4

1. Qu'est-ce que les gendarmes contrôlent avec cet appareil ? ....
....
2. Quelles sont les sanctions possibles en cas d'excès de vitesse ? ....
....
3. Les gendarmes font passer un alcotest aux conducteurs qui ont roulé trop vite. Que permet-il de vérifier ? ....
....

9 Les pompiers et les services d'urgence

• Les pompiers

Les sapeurs-pompiers sont chargés de la protection des personnes et des biens contre les accidents et toutes les catastrophes. On les appelle souvent les «soldats du feu» car leur principale mission est de combattre les incendies. Mais ils s'occupent aussi de bien d'autres choses : par exemple, porter secours aux gens lors des inondations, détruire les nids de guêpes ou de frelons près des habitations...
Il y a 260 000 sapeurs-pompiers en France.
La plupart sont des bénévoles :
ils font ce travail en plus de leur métier et ne sont pas payés pour cela. Les autres sont des sapeurs-pompiers de métier ou des militaires.

1

• Les services d'urgence

Certains malades ou blessés doivent être soignés en urgence. Pour cela, on peut faire appel à un service médical particulier qui intervient de jour comme de nuit, y compris le dimanche : le SAMU. Ce sont des médecins réanimateurs qui se déplacent avec des voitures dans lesquelles se trouve le matériel médical permettant de donner les premiers soins. Parfois, certains malades ou blessés doivent être transportés vers un grand hôpital en hélicoptère.

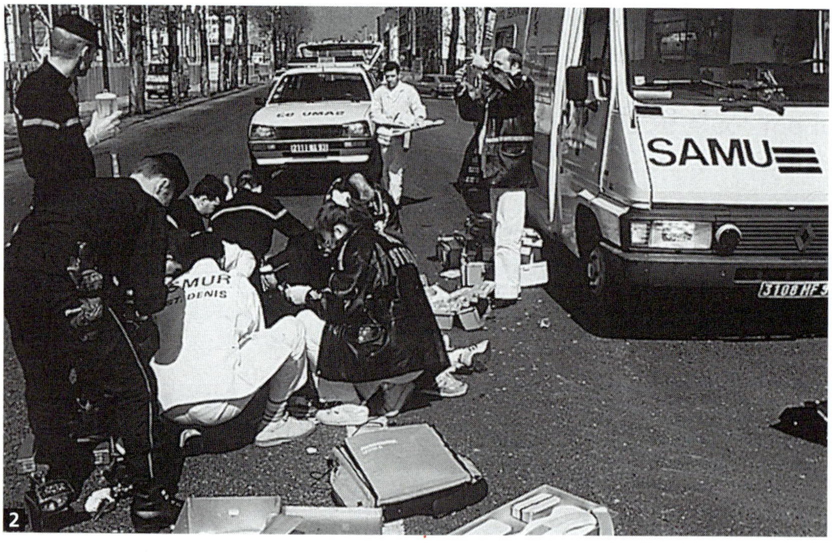

2

Exercices

A Écris après chaque légende le numéro de la photo correspondante.

1. On utilise des canadairs (des avions) pour combattre les incendies de forêt ..... ☐

2. Le SAMU doit intervenir très vite en cas d'accident de la route .... ☐

3. On appelle les sapeurs-pompiers les «soldats du feu» .... ☐

3 Chaque année, des milliers d'hectares de forêt sont détruits par les incendies. Dans certains cas, ces incendies sont allumés volontairement par des gens. D'autres fois, ils sont provoqués par des personnes imprudentes : elles allument un barbecue près d'une forêt, jettent un mégot...
Ces feux sont très dangereux pour les pompiers, certains sont blessés ou tués. Les pompiers emploient souvent des avions spéciaux (les canadairs) pour déverser de l'eau sur les brasiers.

B Réponds aux questions.

1. Combien y a-t-il de pompiers en France ?
....

2. Comment appelle-t-on les avions qui déversent de l'eau sur les forêts en flammes ? ....

3. Pourquoi les incendies de forêt sont-ils plus fréquents dans le sud de la France ? ....

4. Quels pompiers ne sont pas payés pour leur travail ? ....

C Écris **V** pour vrai ou **F** pour faux après chaque phrase.

1. Le SAMU intervient lorsqu'il y a urgence médicale .... ☐

2. Le SAMU est rattaché à un hôpital .... ☐

3. Le SAMU ne s'occupe pas des urgences la nuit et le dimanche .... ☐

4. Le SAMU conduit les blessés chez un médecin .... ☐

5. Les véhicules du SAMU sont aménagés pour soigner les blessés .... ☐

10 Environnement et écologie

• Des dangers pour l'environnement

Bien des dangers menacent notre environnement : les centrales nucléaires* et les déchets, les pesticides (produits chimiques utilisés pour protéger les cultures des parasites), les gaz d'échappement des automobiles, les fumées des usines, les déchets industriels déversés dans les rivières, le bruit... Nous devons veiller à protéger notre cadre de vie : l'air que nous respirons, l'eau que nous buvons, celle où nous nous baignons, les plantes et les animaux qui vivent autour de nous. Notre santé en dépend.

• Les déchets

La France produit presque 600 millions de tonnes de déchets par an. Ces déchets polluent le sol et l'eau. Ils représentent un danger pour l'environnement.
Il faut apprendre à séparer les déchets (papier, carton, verres, matières plastiques, objets métalliques...). Cette collecte sélective se fait dans des conteneurs : les écopoubelles (éco comme écologie).
Les déchets ne représentent pas toujours une menace :
- Les bouteilles vides sont refondues pour devenir des bouteilles neuves.
- Le caoutchouc usagé (provenant des pneus par exemple) est réutilisé.
- Le papier est recyclé*.
- En brûlant, les déchets dégagent de l'énergie utilisée pour produire de l'électricité et chauffer des immeubles.

1 Les conteneurs de récupération du verre sont des écopoubelles, c'est-à-dire des poubelles écologiques.

2 Quand on jette les déchets n'importe où, on abîme la nature.

Exercices

A Regarde sur cette double page ou dans le dictionnaire et donne une définition de chacun de ces mots.

1. environnement : ....

2. pesticide : ....

3. écopoubelle : ....

4. marée noire : ....

B Réponds aux questions.

1. Quelle quantité de déchets la France produit-elle chaque année ? ....
....

2. À quoi sert l'énergie dégagée par les déchets que l'on brûle ? ....
....

3. Qu'est-ce qui peut polluer l'air que nous respirons ? (cite 2 exemples) ....
....

4. Qu'est-ce qui peut polluer l'eau ? (cite 2 exemples) ....
....

C Explique quelle est la menace de pollution à chaque étape du cycle de l'eau :

1. étape 1 : ....

2. étape 2 : ....

3. étape 3 : ....

Recherches 2

A Réponds aux questions.

1. À quel âge un travailleur peut-il prendre sa retraite ? ....

2. À qui le RMI est-il destiné ? ....

3. Quelle est la durée actuelle du temps de travail par semaine ? ....

4. Quelle est la durée des congés payés annuels? ....

5. Depuis quand les travailleurs ont-ils le droit de se mettre en grève ? ....

6. Quel grand service public rembourse une partie des dépenses de santé ?..

....

7. Quel organisme indemnise les chômeurs ? ....

B Écris le nom du service et le numéro de téléphone qu'il faut appeler dans chacun des cas suivants :

1. Des cambrioleurs essaient d'entrer chez le voisin : ....

2. Un incendie commence dans l'immeuble d'en face : ....

3. Un accident de voiture a eu lieu dans la rue : ....

C Réponds aux questions sur la protection de l'environnement.

1. Pourquoi ne faut-il pas jeter les piles usées dans la nature ? ....

....

2. Pourquoi peut-on jeter dans les forêts des morceaux de bois mais pas des sacs en plastique ? ....

....

3. Pourquoi ne doit-on pas jeter de bouteilles dans la mer ? ....

....

4. Cite trois actions que tu peux faire pour participer à la protection de l'environnement : ....

....

D **Relie** chaque affaire de la colonne de gauche au tribunal qui doit la juger.

changement de nom •	• tribunal de police
vol dans un magasin par un enfant •	• cour d'assises
excès de vitesse •	• tribunal de grande instance
coups au cours d'une bagarre •	• juge des enfants
crime •	• tribunal correctionnel

E **Cite** trois cas de catastrophe où le préfet peut faire appel au plan ORSEC. En cas de catastrophe importante, ce plan permet au préfet de mobiliser toutes les personnes et tous les moyens de secours nécessaires.

1. ....

2. ....

3. ....

F **Souligne** chaque fois la bonne proposition.

1. Parmi les acquis sociaux on trouve :
◆ la retraite à 60 ans ◆ les impôts et les taxes ◆ le péage sur les autoroutes

2. La Sécurité sociale rembourse :
◆ les soins à l'hôpital ◆ l'achat de fournitures scolaires ◆ les vacances

3. En France, la justice est rendue par :
◆ les ministres ◆ les parlementaires ◆ les tribunaux

4. Ils veillent à la sécurité des personnes :
◆ les enseignants ◆ les agriculteurs ◆ les policiers

5. Elles permettent la collecte sélective des ordures ménagères :
◆ les décharges sauvages ◆ les centrales nucléaires ◆ les écopoubelles

11 Communiquer et s'informer

• Les médias

De tous temps, les hommes ont eu besoin de correspondre, de communiquer, c'est-à-dire d'échanger des informations. Autrefois, les moyens de communication étaient très différents d'aujourd'hui. Les lettres étaient rares car les gens ne savaient ni lire ni écrire ; le courrier mettait souvent très longtemps avant d'arriver car les transports, à pied ou à cheval, n'étaient pas rapides. Des crieurs publics passaient dans les rues pour annoncer aux gens les nouvelles importantes. De nos jours, les moyens d'information sont nombreux : on les appelle les «médias».

• Deux médias modernes

Le **minitel**, branché sur la ligne téléphonique, permet d'obtenir de nombreuses informations sans se déplacer : trouver le numéro de téléphone de quelqu'un, savoir s'il reste de l'argent sur son compte à la banque, réserver un billet de train, connaître l'heure d'arrivée d'un avion, passer une commande, laisser un message à une personne…

1

Le **télécopieur** ressemble à un photocopieur branché sur une ligne de téléphone : quelqu'un passe une feuille dans son télécopieur ; la copie de cette page apparaît sur le télécopieur d'une autre personne en quelques secondes. Le télécopieur est également appelé «fax».

2

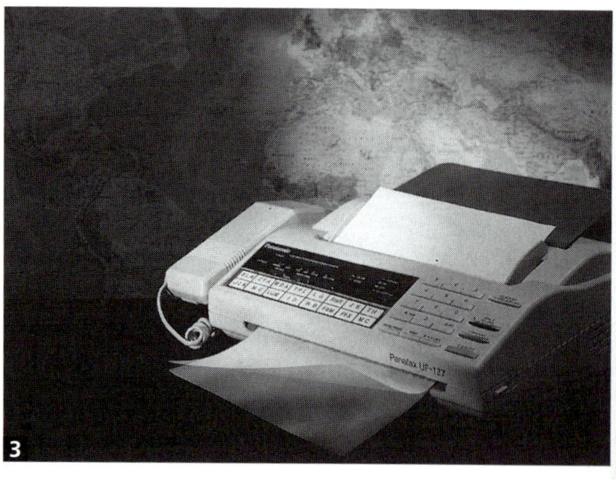
3

Exercices

A Remplis le tableau en écrivant le nom de trois médias parlés et de trois médias écrits. Aide-toi des photos.

4

Média parlé	Média écrit
....	....
....	....
....	....

B Réponds aux questions sur le minitel et le télécopieur.

1. Lequel de ces deux appareils peux-tu utiliser pour :

- trouver un horaire de train ? ....
- écrire une lettre à quelqu'un ? ....
- savoir s'il reste de l'argent sur ton compte à la banque ? ....

2. Quels sont les avantages du minitel ? ....

3. Sais-tu quel numéro de téléphone il faut composer pour chercher l'adresse de quelqu'un sur minitel ? ....

4. Quels sont les avantages du télécopieur ? ....

5. Quel est l'autre nom du télécopieur ? ....

5

6

7

12 La publicité et les sondages

• La publicité

Pour vendre leurs produits, les entreprises font de la publicité. La publicité vante les produits (ils sont efficaces, résistants, d'excellente qualité et ne coûtent pas cher…) ; ainsi on séduit le consommateur pour qu'il achète davantage. Bien entendu, il faut se méfier de la publicité. Les messages publicitaires ne parlent jamais des défauts. La publicité est présente tout autour de nous : à la radio, à la télévision, sur les affiches dans la rue, sur les autobus, dans les couloirs du métro. Les prospectus envahissent nos boîtes aux lettres…

• Les sondages

Les journaux, la radio, la télévision font souvent réaliser, par des organismes spécialisés, des sondages pour connaître l'opinion des gens. La publicité et les hommes politiques tiennent compte de l'avis des gens, donc des résultats des sondages. Grâce à ceux-ci, on peut prévoir les résultats d'une élection avant son déroulement.

1 Une enquête

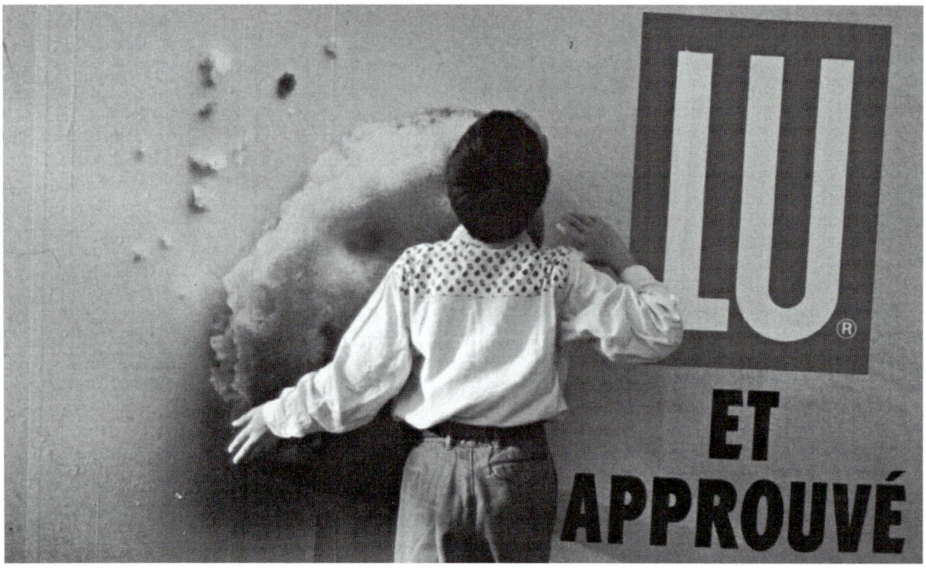

2 Une affiche publicitaire

Exercices

A Réponds aux questions.

1. À quoi sert la publicité ? ....

....

2. Où voit-on de la publicité ? ....

....

3. Pourquoi faut-il se méfier de la publicité ? ....

....

4. À quoi servent les sondages ? ....

....

5. Sur quels sujets peut-on interroger les gens lors d'un sondage ? ....

....

B Regarde le document 2 et réponds aux questions.

1. Pour quel produit cette publicité est-elle faite ? ....

2. Quel public cherche-t-elle à séduire ? ....

C Complète le texte à l'aide des mots suivants :

supermarché ◆ enfants ◆ sondage ◆ publicité ◆ âge ◆ biscuits ◆ clients

La société Grand Biscuit qui fabrique le célèbre biscuit Goutos aimerait savoir

qui consomme ses produits. Pour cela, elle organise un .... dans

un .... Elle pose les questions suivantes aux ....:

«Achetez-vous nos .... ?

Quel .... avez-vous ?».

Ce sont surtout les .... qui achètent les Goutos.

Les résultats de ce....................... aideront l'entreprise à préparer sa ....

13 Les associations

• Les coopératives

Nous sommes le jour de la rentrée scolaire. La classe s'organise pour une vie coopérative. L'un des élèves explique : « Chacun peut s'exprimer ! Nous votons pour élire nos responsables et ensemble nous gérons* l'argent de la coopérative scolaire ».
Les coopératives sont nombreuses en France : des coopératives agricoles, des coopératives de consommation, de construction de HLM...

1

• Les associations

Les associations sont également nombreuses et variées : des associations pour faire du sport, pour organiser des échanges entre collectionneurs (de timbres par exemple), pour permettre à des parents d'élèves de se rencontrer, pour aider ceux qui souffrent ou qui ne mangent pas à leur faim. Par exemple, certaines associations envoient de l'argent, des vêtements, de la nourriture, des médicaments dans les pays pauvres ou en guerre.
Une association est une réunion de personnes qui souhaitent agir ensemble.
Une loi de 1901 permet de créer librement des associations. Pour créer une association, il faut être au moins deux. Le plus souvent, une association regroupe de nombreuses personnes. Elles choisissent le nom de l'association et votent des statuts, c'est-à-dire un document écrit qui indique pourquoi l'association est créée et comment elle est organisée.
Les membres de l'association se réunissent en assemblée générale* une fois par an. Celle-ci prend les décisions les plus importantes; elle élit un bureau avec un président, un secrétaire et un trésorier.

Exercices

A Complète les phrases avec les mots suivants :

trésorier ◆ statuts ◆ bureau ◆ président ◆ assemblée générale ◆ 1901 ◆ secrétaire

1. On peut créer librement une association depuis ....

2. L' .... est la réunion de tous les membres de l'association.

3. Le .... de l'association est élu par l'assemblée générale.

4. Le ...., le .... et le .... font partie du bureau de l'association.

5. Les .... indiquent comment l'association est organisée.

B Indique à l'aide de flèches le rôle de chaque coopérative ou association.

coopérative agricole •	• envoyer des médicaments
coopérative scolaire •	• acheter et vendre du blé
association sportive •	• acheter des livres de bibliothèque
association humanitaire •	• organiser un tournoi de football

C Fais les comptes de cette association qui organise une kermesse.
Voici le détail des dépenses et des recettes (argent encaissé).

1. Place chaque montant dans l'une des deux colonnes : dépenses ou recettes.

2. Additionne les sommes de chaque colonne et dis si l'association a gagné ou perdu de l'argent en organisant sa kermesse :

		Dépenses	Recettes
A – Achat de lots	3 250 F	....	....
B – Bénéfice des stands	5 190 F	....	....
C – Vente de boissons	6 060 F	....	....
D – Achat de boissons	4 130F	....	....
E – Location de matériel	560 F	....	....
F – Bénéfice de la tombola	2 210 F	....	....
G – Vente de casse-croûte	780 F	....	....
H – Frais de publicité	1 240 F	....	....
I – Frais divers	370 F	....	....
J – Vente billets d'entrée	3 210 F	....	....
K – Salaire du clown	3 000 F	....	....
		Total	Total......................

14 Les loisirs

Les loisirs sont les moments dont on peut profiter pour faire ce que l'on aime. On peut, pendant ces moments libres, participer à des activités culturelles, artistiques ou sportives.

• Les activités culturelles

Lire, visiter des monuments, des musées, regarder un reportage à la télévision, écouter de la musique, aller au cinéma... les moyens d'enrichir nos connaissances sont variés. Se cultiver c'est apprendre, c'est découvrir le monde qui nous entoure.

1

• Les activités artistiques

Les peintres, les sculpteurs, les musiciens, les chanteurs...sont des artistes. On admire leurs œuvres. Sans être un grand artiste, on peut occuper agréablement ses loisirs en pratiquant soi-même ces activités : peindre, sculpter, chanter, danser... Pour cela, il existe des ateliers, des clubs, des associations.

• Les activités sportives

Les activités sportives aident à rester en forme, en bonne santé. Faire du sport permet aussi d'apprendre à respecter des règles de vie en société ou aquérir le goût de l'effort pour progresser. Les activités sportives permettent aussi à plusieurs personnes de réaliser quelque chose en commun, en équipe.

2

3

Exercices

A Complète le texte à l'aide des mots suivants : musées ◆ football ◆ artistiques ◆ piano ◆ sportives ◆ danser ◆ cinéma ◆ loisirs ◆ club ◆ culturelles

1. Guillaume passe ses moments de loisir sur le terrain de ....

2. Il est inscrit dans un .... Il est intéressé par toutes les activités ....

3. Sa sœur Delphine est davantage attirée par les activités ....

4. Elle apprend à jouer du .... et à ....

5. Avec leurs parents, Delphine et Guillaume visitent aussi des ....

et vont au .... Ces activités .... complètent

ce qu'ils apprennent à l'école.

B Écris **A** s'il s'agit d'une activité artistique, **C** s'il s'agit d'une activité culturelle ou **S** s'il s'agit d'une activité sportive.

1. visite d'un musée ☐	**2.** lire ☐
3. apprendre à nager ☐	**4.** dessiner et peindre ☐
5. jouer de la guitare ☐	**6.** collectionner les timbres ☐
7. jouer au football ☐	**8.** faire de la course à pied ☐

C Écris après chaque légende le numéro de la photo correspondante.

1. Au musée, on peut découvrir les œuvres des grands artistes ....☐
2. Certains enfants organisent ou participent à des spectacles ....☐
3. Les enfants comme les adultes peuvent pratiquer des sports d'équipe ....☐

15 La sécurité des piétons

Exercices

A **Réponds** aux questions.

1. Où faut-il traverser ? ....
2. Que fais-tu avant de traverser la rue ? ...
....
3. Sur le dessin, est-ce Marc ou Pierre qui marche du bon côté de la route ? ....
....
4. Pourquoi ? ....

B **Réponds** aux questions

1. À gauche, le piéton doit .... Colorie le feu et le piéton dans les bonnes couleurs.

2. À droite, le piéton peut .... Colorie le feu et le piéton dans les bonnes couleurs.

C **Écris** dans chaque cas, si l'enfant peut traverser.

1. L'enfant .... traverser.
2. L'enfant .... traverser.
3. L'enfant .... traverser.

1 2 3

Exercices

Écris le numéro du dessin qui correspond à chaque phrase.

1. Quand la route est glissante, les autos ont du mal à s'arrêter. Prudence ! .... ☐

2. Il est plus prudent de franchir la chaussée en une seule fois et sur un passage pour piéton; il faut éviter de stationner sur la ligne médiane .... ☐

3. Attention en quittant un trottoir; un piéton peut être happé par une automobile roulant très à droite .... ☐

4. La nuit, porte une lampe électrique au bras .... ☐

5. En campagne, les voitures roulent très vite; prends garde, en traversant, à voir assez loin et à être vu de loin .... ☐

6. Ne traverse pas brusquement la chaussée; tu surprendrais les conducteurs qui n'auraient pas le temps de freiner .... ☐

16 La sécurité des cyclistes

Chaque année, dans les écoles, la Prévention routière met à la disposition des élèves des pistes d'éducation routière et les fait participer à des épreuves de circulation.
La prudence et le respect du Code de la route permettent de circuler en toute sécurité.

Exercices

A **Écris** après chaque nom le numéro qui correspond sur la bicyclette.

- Plaques réfléchissantes* .... ☐
- Sonnette .... ☐
- Freins .... ☐
- Feu rouge arrière .... ☐
- Feu jaune avant .... ☐
- Catadioptre .... ☐

B **Barre** les affirmations qui entraînent un danger pour Marc.

1. Marc doit rouler le plus près possible de la ligne médiane.
2. Il s'arrête quand le feu est rouge.
3. Marc doit suivre les voitures de très près en ville.
4. Avec son bras il indique les changements de direction.
5. Marc réduit sa vitesse à chaque carrefour.
6. Il n'a pas de lumière sur sa bicyclette quand il roule la nuit car la rue est bien éclairée.
7. Marc roule de préférence sur les trottoirs.
8. Au panneau STOP, il s'arrête.

Exercices

C **Écris** sous chaque dessin le conseil de prudence que tu peux donner à ces enfants.

Recherches 3

A **Étudie** le sondage et réponds aux questions.

Dans le canton de Petibois, on doit élire le conseiller général. Il y a quatre candidats : Monsieur Duchamp, Monsieur Delarive, Madame Dupré et Madame Dubois. On effectue un sondage auprès de 1 000 électeurs du canton pour savoir pour quel candidat ils pensent voter. Voici les résultats du sondage :

- 14 % disent qu'ils voteront pour Monsieur Duchamp
- 23 % disent qu'ils voteront pour Monsieur Delarive
- 51 % disent qu'ils voteront pour Madame Dupré
- 9 % disent qu'ils voteront pour Madame Dubois
- 97 % des électeurs interrogés ont donc répondu au sondage.

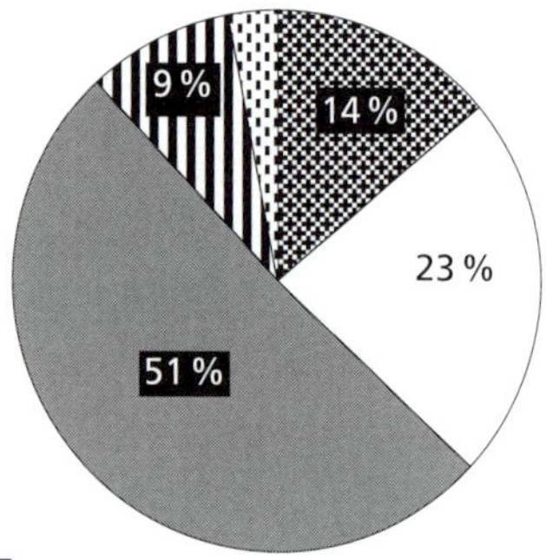

1

1. Quel candidat a le plus de chances d'être élu ? ....

2. Quel candidat a le moins de chances d'être élu ? ....

3. Le total ne représente que 97 %. Quel est le pourcentage des électeurs qui n'ont pas donné leur avis ? ....

B **Cite** des véhicules prioritaires. Ces véhicules sont autorisés à ne pas toujours respecter le code de la route ; ce sont, par exemple, les voitures de la police.

....

Ecris sous chaque panneau le numéro correspondant.

1. Croisement avec priorité aux véhicules venant de droite
2. Interdit aux cyclistes et aux cyclomotoristes
3. Chaussée glissante
4. Passage pour piétons
5. Interdiction de faire demi-tour
6. Double virage, le premier à droite
7. Attention aux enfants
8. Interdiction de doubler
9. Attention aux cyclistes et cyclomotoristes
10. STOP, arrêt obligatoire
11. Piste obligatoire pour cyclistes et cyclomotoristes.
12. Vous devez céder le passage
13. Virage dangereux à gauche
14. Sens interdit
15. Interdit aux piétons
16. Interdiction de tourner à gauche

Souligne chaque fois la bonne proposition.

1. C'est un moyen d'information : le sport ◆ le journal ◆ le commerce
2. Il (ou elle) permet de connaître l'opinion des gens : la publicité ◆ le cinéma ◆ le sondage
3. Les déchets peuvent être utiles ; ils peuvent être : recyclés ◆ consommés ◆ stockés
4. Il définit les règles de circulation : le dictionnaire ◆ le constat amiable ◆ le code de la route
5. Ils nous renseignent sur le nom, la composition et le fonctionnement d'une association : les projets ◆ les statuts ◆ les membres

Qu'as-tu retenu ?

A Souligne chaque fois la bonne proposition :

1. L'emblème de la France est : a) le coq ◆ b) le bonnet phrygien ◆ c) *la Marseillaise*

2. Il regroupe les services : a) le secteur primaire ◆ b) le secteur secondaire ◆ c) le secteur tertiaire

3. Cet organisme indemnise les chômeurs : a) les ASSEDIC ◆ b) la Sécurité sociale ◆ c) L'ANPE

4. En France, la justice est rendue par : a) les ministres ◆ b) les tribunaux ◆ c) les parlementaires

5. On les appelle «les soldats du feu» : a) les sapeurs-pompiers ◆ b) les gendarmes ◆ c) les policiers

6. Le SAMU fonctionne : a) tous les jours sauf le dimanche ◆ b) tous les jours mais pas la nuit ◆ c) tous les jours et toutes les nuits

7. C'est un moyen de connaître l'opinion des gens ◆ a) la publicité ◆ b) le sondage ◆ c) le sport

8. Il nous renseignent sur le nom et l'organisation d'une association : a) les statuts ◆ b) les projets

9. Il définit les règles de circulation routière : ◆ a) le dictionnaire ◆ b) le constat à l'amiable ◆ c) le code de la route

10. À bicyclette, tu dois : a) éteindre les lumières la nuit ◆ b) contrôler ta vitesse dans les carrefours ◆ c) lâcher ton guidon

Souligne parmi les 3 propositions, les 2 qui sont exactes.

1. En 1789, les français ont : a) pris la Bastille ◆ b) cessé de payer des impôts ◆ c) voté la Déclaration des Droits de l'Homme et du Citoyen

2. Ces libertés existent en France : a) liberté de voler ◆ b) liberté d'opinion ◆ c) liberté d'agir

3. Parmi les acquis sociaux, on trouve : a) la retraite à 60 ans ◆ b) les impôts et les taxes ◆ c) la semaine de 39 heures

4. La Sécurité sociale rembourse partiellement : a) les soins dispensés à l'hôpital ◆ b) les médicaments ◆ c) l'achats de fournitures scolaires

5. Ils siègent au tribunal, en cours d'assises : a) les juges ◆ b) les sénateurs ◆ c) les jurés

6. Ce sont des fonctionnaires qui veillent à la sécurité des personnes : a) les enseignants ◆ b) les gendarmes ◆ c) les policiers

7. Ils (ou elles) polluent l'air : a) les fumées des usines ◆ b) les gaz d'échappement des automobiles ◆ c) les pétroliers qui échouent dans la mer

8. En brûlant les déchets, on peut : a) produire de l'électricité ◆ b) remplir les écopoubelles ◆ c) chauffer des immeubles

9. Ce sont des moyens d'information : a) le journal ◆ b) le minitel ◆ c) le sport

10. Parmi les loisirs, on peut citer : a) le travail ◆ b) les activités artistiques ◆ c) les activités sportives

Réponses aux questions

pages 4-5

A 1. *La Marseillaise* - **2.** «liberté, égalité, fraternité» - **3.** la République française **4.** le bonnet phrygien - **5.** 555 000 km **6.** 58 millions - **7.** le franc - **8.** le coq **9.** Paris - **10.** dans les grandes occasions

B **1.** n° 4 - **2.** n° 1 - **3.** n° 3 - **4.** n° 2

pages 6-7 :

A **Vrai** : 3, 4, 6, 7 - **Faux** : 1, 2, 5, 8, 9

B **1.** n° 1 - **2.** n° 6 - **3.** n° 11

pages 8-9 :

A **1.** liberté de choisir une religion **2.** liberté de penser et de s'exprimer, de voter pour qui l'on veut - **3.** liberté de se rassembler pour discuter

B **1.** n°4 - **2.** n° 7 - **3.** n°5 - **4.** n°6

pages 10-11 :

A **1.** secteur tertiaire - **2.** secteur secondaire - **3.** secteur primaire

B **1.** 16 ans - **2.** tertiaire, primaire **3.** tertiaire - **4.** enfants, personnes âgées, invalides, handicapés, les personnes ne voulant pas travailler

pages 12-13 :

A **1.** Belgique - **2.** Luxembourg **3.** Allemagne - **4.** Suisse - **5.** Italie - **6.** Espagne

B **1.** la fleur de lys - **2.** 1915 - **3.** Rouget de Lisle - **4.** 1792 - **5.** «il est battu par les flots mais ne sombre pas» - **6.** Paris

C primaire : 3, 7, 8 - secondaire : 1, 5 tertiaire : 2, 4, 6

D **1.** pendant - **2.** avant - **3.** après

E **1.** bonnet phrygien - **2.** Déclaration des Droits de l'Homme et du Citoyen **3.** Voltaire - **4.** éduquer ses enfants

pages 14-15

A droit de créer des syndicats, Sécurité sociale, pensions pour les retraités, droit de grève, congés payés

B **Vrai** : 2, 3, 5, 6 - **Faux** : 1, 4

C **1.** chômeurs - **2.** ANPE **3.** verser des indemnités aux chômeurs

pages 16-17 :

A **1.** des cotisations versées par les salariés **2.** par solidarité envers ceux qui sont malades - **3.** des pensions

pages 18-19

A **Vrai** : 3, 4, 6 - **Faux** : 1, 2, 5

B **1.** accusé, avocats - **2.** partie civile **3.** avocat général - **4.** juges, jurés **5.** greffier - **6.** témoin, barre **7.** huissier - **8.** public, journalistes

pages 20-21

A **1.** gendarmes et policiers - **2.** gendarmes **3.** surveillance des plages, secours en montagne, protection des personnalités

B **1.** n°3 - **2.** n°1 - **3.** n°2

C **1.** la vitesse - **2.** amende, retrait du permis de conduire - **3.** si les automobilistes conduisent en état d'ébriété*

pages 22-23

A dans l'ordre : 3, 2, 1

B **1.** 260 000 - **2.** canadairs - **3.** en raison de la sécheresse - **4.** les bénévoles

C dans l'ordre : V - V - F - F - V

pages 24-25

A **1.** environnement : cadre de vie (air, eau, plantes, animaux) - **2.** pesticide : produit chimique destiné à protéger les cultures contre les parasites **3.** écopoubelle : poubelle écologique pour une collecte sélective - **4.** marée noire : nappe de pétrole déversé dans la mer

B **1.** 600 millions de tonnes - **2.** produire de l'électricité et chauffer des immeubles **3.** gaz d'échappement des automobiles, fumées des usines - **4.** pesticides, déchets industriels

C **1.** particules en suspension dans l'air (gaz, fumées) - **2.** pesticides - **3.** déchets industriels, marée noire, pollution des plages

pages 26-27 :

A **1.** 60 ans - **2.** chômeurs - **3.** 39 heures **4.** 5 semaines - **5.** 1864 - **6.** Sécurité sociale - **7.** ASSEDIC

B **1.** police : tél. 17 - **2.** pompiers : tél. 18 **3.** SAMU : tél. 15

C **1.** elles contiennent du zinc toxique pour l'eau - **2.** le bois se décompose (on dit qu'il est biodégradable) - **3.** le verre ne se dégrade pas; il se brise sur les galets des plages - **4.** participer à la collecte sélective, jeter les déchets à la poubelle, économiser l'électricité

D changement de nom (tribunal de grande instance), vol dans un magasin par un enfant (juge des enfants), excès de vitesse (tribunal de police), coups au cours d'une bagarre (tribunal correctionnel), crime (cour d'assises)

E **1.** tremblement de terre - **2.** accident d'avion - **3.** inondation

F **1.** retraite à 60 ans - **2.** soins à l'hôpital - **3.** tribunaux - **4.** policiers **5.** écopoubelles

pages 28-29

A médias parlés : radio, télévision, téléphone
médias écrits : journal, télécopieur, minitel

B **1.** minitel, télécopieur, minitel - **2.** permet d'obtenir de nombreuses informations - **3.** 11 - **4.** envoi d'un document écrit en quelques secondes - **5.** fax

pages 30-31 :

A **1.** favoriser la vente des produits **2.** journaux, télévision, affiches, prospectus - **3.** elle ne montre que les avantages du produit - **4.** connaître l'opinion des gens - **5.** goûts des gens, opinions politiques...

B **1.** biscuits LU - **2.** enfants

C dans l'ordre : sondage, supermarché, clients, biscuits, âge, enfants, sondage, publicité

pages 32-33

A **1.** 1901 - **2.** assemblée générale **3.** bureau - **4.** président, secrétaire, trésorier - **5.** statuts

B envoyer des médicaments (association humanitaire), acheter et vendre du blé (coopérative agricole), acheter des livres de bibliothèque (coopérative scolaire), organiser un tournoi de foot-ball (association sportive)

C **1.** dépenses : A + D + E+ H + I + K = 12550F
recettes : B + C + F + G + J = 17450F
2. bénéfice = 4900F

pages 34-35

A **1.** football - **2.** club, sportives - **3.** artistiques - **4.** piano, danser - **5.** musées, cinéma, culturelles

B **A.** 4, 5 - **C.** 1, 2, 6 - **S.** 3, 7, 8

C **1.** n° 1 - **2.** n° 3 - **3.** n° 2

pages 36-37

A **1.** sur les passages pour piétons - **2.** regarder des deux côtés - **3.** Marc - **4.** il voit arriver les voitures en face de lui

B **1.** attendre piéton rouge, feu vert
2. passer, piéton vert, feu rouge

C l'enfant peut traverser : 1, 3
l'enfant ne peut pas traverser : 2

D **1.** n° 5 - **2.** n° 6 - **3.** n°4 - **4.** n° 3 - **5.** n° 1 - **6.** n° 2

pages 38-39

A dans l'ordre : 3, 2, 4, 5, 1, 6

B affirmations à barrer : 1, 3, 6, 7

C **1.** ne lâche pas ton guidon - **2.** ne suis pas les voitures de trop près - **3.** ne t'accroche pas aux autres véhicules **4.** roule à droite - **5.** contrôle ta vitesse aux carrefours - **6.** vérifie ton éclairage

pages 40-41

A **1.** Madame Dupré - **2.** Madame Dubois - **3.** 3 %

B gendarmerie, pompiers, ambulances, SAMU...

C dans l'ordre, de gauche à droite et de haut en bas : 10, 14, 15, 11, 2, 16, 8, 5, 3, 1, 13, 12, 4, 7, 9, 6

D **1.** journal - **2.** sondage - **3.** recyclés **4.** code de la route - **5.** statuts

pages 42-43

A **1.** a - **2.** c - **3.** a - **4.** b - **5.** a - **6.** c - **7.** b **8.** a - **9.** c - **10.** b

B **1.** a et c - **2.** b et c - **3.** a et c - **4.** a et b **5.** a et c - **6.** b et c - **7.** a et b - **8.** a et c **9.** a et b - **10.** b et c

Abolir : annuler, supprimer (exemple : abolir une loi).

Allocations familiales : prestations (sommes d'argent) versées chaque mois aux familles qui ont des enfants à charge de moins de 20 ans.

Assemblée générale : réunion de l'ensemble des membres d'une association, d'un parti politique, d'un syndicat...

Assurance : organisme qui en échange d'une prime (cotisation) indemnise les personnes qui ont subi un préjudice (on assure une maison, une voiture...).

Catadioptre : plaque située à l'arrière d'une bicyclette qui réfléchit la lumière des phares des automobiles.

Centrale nucléaire : usine qui produit de l'électricité à partir de métaux lourds et dangereux comme l'uranium.

Clergé : ensemble des gens d'Église. Avant la Révolution de 1789, l'un des 3 ordres (noblesse, clergé, Tiers État) était constitué par les membres de l'Église.

Contravention : action d'agir contre une loi. Aussi procès-verbal que la police ou la gendarmerie dresse à celui qui commet cette action.

Délit : faute punie par la loi.

Devise : paroles qui expriment une pensée, un idéal, un sentiment.

Ébriété : état d'une personne ivre, qui a trop bu d'alcool.

Emblème : être, objet ou dessin qui symbolise (qui représente) une personne, un pays, une notion (par exemple : la paix, la liberté...).

Employeur : personne qui emploie (qui donne du travail) à d'autres personnes (ce sont les salariés).

Engager : entamer, commencer, encourager. Aussi, donner un travail à quelqu'un.

Gérer : administrer, diriger, s'occuper des finances.

Hymne national : chant national (*la Marseillaise* est l'hymne national de la France).

Indemnité : somme d'argent versée à quelqu'un pour indemniser (pour payer) un service rendu ou pour réparer un préjudice (une assurance indemnise un de ses clients dont la voiture a été volée).

Infraction : ne pas respecter la loi, c'est commettre une infraction.

Mutuelle : organisme qui participe à la protection sociale, souvent en complément de la Sécurité sociale, et qui n'a pas le droit de réaliser des profits : tout l'argent reçu au titre des cotisations doit être reversé sous la forme de prestations.

Officiel : qui est décidé, confirmé par un gouvernement, une autorité.

Pension : somme d'argent versée régulièrement par la Sécurité sociale ou un autre organisme à une personne retraitée.

Prestation : service rendu. Aussi, somme d'argent versée dans le cadre de la protection sociale (exemple : la Sécurité sociale verse des prestations).

Privilège : avantage particulier accordé à quelqu'un. Un privilégié est donc une personne avantagée (exemple : celui qui reçoit la plus grosse part d'un gâteau est privilégié).

Protection sociale : ensemble des lois, des dispositions, des organismes dont le but est de protéger les personnes dans le cadre de leur travail et de leur vie de tous les jours (la Sécurité sociale, les ASSEDIC, les caisses de retraite participent à la protection sociale).

Recyclé : transformé, traité pour être réutilisé dans le but de réaliser des économies et de faire disparaître les déchets.

Réfléchissant : qui renvoit, qui reflète la lumière. Les plaques réfléchissantes d'une bicyclette renvoient la lumière des phares des automobiles, ce qui permet de repérer le cycliste.

Responsabilité : devoir, obligation de faire quelque chose, d'accomplir une tâche.

Ressources : recettes, salaires, l'argent que l'on reçoit.

Service : travail qui ne crée pas d'objet. Aussi, organisme chargé de remplir certaines fonctions (exemple : à la mairie, il y a un service qui s'occupe de l'état civil, un autre service est chargé des finances...).

Syndicat : association de travailleurs qui défendent ensemble leurs intérêts, cherchent à obtenir de meilleures conditions de travail par exemple.

Table d'illustration

4-h	ph	©	Roger Viollet
4-m	ph		Archives Hatier
		©	Monnaie de Paris
4-b	ph	©	Poupinet/Vloo
6	ph	©	Giraudon/Archives Hatier
7	ph	©	Lauros-Giraudon/Archives Hatier
11-h	ph	©	Labat/Jerrican
11-bg	ph	©	Magréan/Jerrican
11-bd	ph	©	Daudier/Jerrican
13-hg	ph	©	C.N.M.H./Archives Hatier
13-mg	ph	©	Archives Hatier
13-d	ph	©	Archives Hatier
14	ph	©	Valls/Jerrican
15	ph	©	Nieto/Jerrican
17		©	Cerfa/D.R.
18	ph	©	Slide/Sipa Press
20-h	ph	©	Bassignac/Gamma
20-b	ph	©	Saussier/Gamma
21-h	ph	©	Le Bot/Gamma
21-b	ph	©	Sittler/Gamma
22-h	ph	©	Erkul/Gamma
22-b	ph	©	Stevens/Gamma
23	ph	©	Aventurier/Gamma
24-g	ph	©	Limier/Jerrican
24-d	ph	©	Chandelle/Jerrican
28-hd	ph	©	Stock Exchange/Jerrican
28-bg	ph	©	Zemor/Diaf
28-bd	ph	©	TPC/North/Diaf
29-hd	ph	©	Berenguier/Jerrican
29-bg	ph	©	Février/Diaf
29-bm	ph	©	Gaillard/Jerrican
29-bd	ph	©	Février/Diaf
30-h	ph	©	J-P. Dumontier
30-b	ph	©	Gaillard/Jerrican
32	ph	©	P. Michaud
34-h	ph	©	Somelet/Diaf
34-bg	ph	©	Dannic/Diaf
34-bd	ph	©	Cabanou/Diaf

Création de la maquette : Tamanoir
Illustrations intérieures : Laurent Lalo
Cartographie : Édigraphie
Mise en page : Hébrard & Associés

Achevé d'imprimer sur les presses de l'Imprimerie Hérissey à Évreux (Eure)
Dépôt légal : 18723 - Février 2001
Numéro d'imprimeur : 88989